UN PASEO POR LA HISTORIA

Vivir en El Escorial

Nivel 3

Sergio Remedios Sánchez
Ignacio Segurado López

UN PASEO POR LA HISTORIA

Vivir en El Escorial

En la cripta del Monasterio

- columnas
- monje
- documentos
- acceso al panteón

UN PASEO POR LA HISTORIA　　　VIVIR EN EL ESCORIAL

CRONOLOGÍA HISTÓRICA

1527 — Nace Felipe II (Valladolid, 1527 - El Escorial, 1598).

Hijo del emperador Carlos I y de Isabel de Portugal, es el monarca más poderoso de su tiempo: sus dominios van desde España, Sicilia y los Países Bajos hasta América y las Filipinas. En 1556 accede al trono.

1557 — Batalla de San Quintín.

Estamos de nuevo en guerra con Francia. La paz de Cateau-Cambrésis de 1559 pone fin al conflicto y establece la hegemonía española en el continente. Como reafirmación del pacto, Felipe se casa con Isabel de Valois.

1561 — Se establece la Corte en Madrid.

1568-1571 — Batalla de Lepanto.

La Inquisición actúa contra la herejía provocando la sublevación de los moriscos. Estas revueltas coinciden con una gran ofensiva turca en el Mediterráneo. La Liga Santa logra la victoria de Lepanto.

1580 — Unificación de España y Portugal.

Anexión de Portugal a la Corona. Se consuma el proceso de unificación de la Península Ibérica iniciado por los Reyes Católicos.

1588 — Derrota de la Armada Invencible.

El enfrentamiento contra Inglaterra termina con la derrota de la Armada Invencible. Este hecho significa el fin de la hegemonía española en Europa.

1595 — Inauguración del Monasterio de El Escorial. *(vd. está aquí.)*

El Monasterio de El Escorial fue mandado construir para conmemorar la batalla de San Quintín. La primera piedra se colocó en 1563. Juan Bautista de Toledo dirigía la obra. Le sucedió Juan de Herrera, en 1567. La inauguración del templo ocurrió en 1595.

1598 — Fallece Felipe II en el Monasterio de El Escorial.

Vivir en El Escorial

La suave brisa que anuncia el otoño mueve los pinos y las hojas de las encinas y los robles. Un cielo claro, de un azul profundo, ilumina un paisaje precioso de suaves montañas, espesos bosques y manantiales. Es septiembre de 1584 en la sierra de Guadarrama, a poco más de cincuenta kilómetros de Madrid, la capital del mundo.

Como es costumbre en su monasterio, Francisco se levanta temprano y, antes de almorzar, reza todas sus oraciones. Francisco sabe que hoy es un día muy especial, un día diferente a la monotonía con la que se ha desarrollado casi toda su vida hasta el momento. "¿Quién le iba a decir a él, -piensa mientras ordena las pocas **pertenencias** de su **celda**- hijo segundo de una familia casi anónima de una pequeña **aldea** llamada El Escorial, que un buen día asistiría a la inauguración del edificio más grande y santo de toda la cristiandad? Un edificio que, como cuenta la leyenda, fue ordenado levantar por el rey Felipe II[1] para **conmemorar** la

Pertenencia: que es de alguien.
Celda: habitación de un religioso en su convento.
Aldea: pueblo muy pequeño.
Conmemorar: hacer memoria, recordar.

---

1 -Felipe II de Habsburgo (Valladolid, 1527 - El Escorial, 1598), llamado *El Prudente*, rey de España desde 1556 y de Portugal desde 1580. Junto con su segunda esposa fue rey de Inglaterra, Francia, Nápoles, Jerusalén, Irlanda, Castilla y sus Indias, Aragón y Sicilia; archiduque de Austria; duque de Milán, Borgoña y Brabante; conde de Habsburgo, Flandes y Tirol.

victoria sobre las tropas francesas en la batalla de San Quintín[2], hace ya, ¡qué rápido que pasa el tiempo! -se lamenta Francisco-, casi treinta años".

Efectivamente, en 1563, el rey, de 36 años, felizmente casado con su tercera mujer, Isabel de Valois[3], y que empezaba a ser conocido como "el prudente", por la serenidad y **meticulosidad** con que meditaba todas sus decisiones, había decidido crear un monasterio-palacio para conmemorar una de las decisivas batallas ganadas en el ancho del Imperio heredado de su padre, el emperador Carlos V, quien un año antes se había retirado y había dejado el poder a su hijo para vivir en un lejano monasterio de Cáceres[4] y allí morir.

Meticulosidad: que se hace a conciencia, con cuidado.

Eligió el lugar exacto y dio las órdenes necesarias para empezar la construcción sobre una de las **laderas** más privilegiadas de aquellas hermosas montañas madrileñas. Pero los comienzos no fueron fáciles. Muchos contratiempos, casi siempre incendios, así como la insistencia del Rey en supervisar cada etapa del diseño y construcción, retrasaban el progreso de las obras. Francisco recuerda con especial detalle aquel día en que un rayo cayó sobre el edificio y todo se incendió,

Ladera: lado de la montaña.

---

2 -Famosa batalla (1557) en la que el ejército español derrotó a las tropas francesas del rey Enrique II.
3 -Felipe II tuvo cuatro esposas: María de Portugal (1527-1545), con la que tuvo un hijo, loco, que murió en 1568 después de conspirar contra su padre. María Tudor, reina de Inglaterra e Irlanda (1516-1558). Isabel de Valois (1546-1568) con la que tuvo dos hijas. Ana de Austria (1549-1580), con la que tuvo cinco hijos, uno de ellos será el futuro rey Felipe III.
4 -El monasterio de Yuste es donde se alojó y murió Carlos I de España y V de Alemania tras su abdicación.

> **Amotinarse:** rebelarse, ir en contra de la autoridad.
> **Cabecilla:** jefes de los rebeldes.
> **Repique:** sonar la campana repetidas veces.
> **Comitiva:** acompañamiento.

o cuando un grupo de trabajadores **se amotinaron** para protestar por el encarcelamiento de dos de sus compañeros. Afortunadamente, el incidente se resolvió rápido y el Rey fue generoso con los amotinados: solamente castigó a los **cabecillas** y el resto regresó al trabajo.

Todos estos recuerdos, y muchos otros, como el de aquella lejana tarde en la que su padre le informó de su futuro en la Iglesia[5], le vienen a la mente a Francisco en el preciso momento en que un fuerte **repique** de campanas anuncia que la **comitiva** real se acerca al Monasterio.

> **Basílica:** iglesia que tiene ciertos privilegios.
> **Claustro:** galería cerca del patio de una iglesia o convento.

Francisco hace la señal de la cruz, cierra la puerta de su celda y se dirige hacia la **basílica**. Antes, por el camino, se detiene un instante a contemplar el **claustro** principal del Monasterio, que simboliza el jardín del Edén. Es su lugar preferido de meditación.

> **Dato:** información.

La basílica es el centro espiritual de todo el edificio. Dicen que el maestro Juan de Herrera[6] se había inspirado, para su construcción, en la catedral de San Pedro de Roma, aunque a Francisco, que jamás ha ido a Roma ni salido de España, este **dato** no le importa demasiado.

---

5 -En aquella época el primer hijo varón debía mantener a la familia y el segundo hijo era destinado a la Iglesia.
6 -Juan de Herrera (1530-1597). Uno de los más famosos arquitectos españoles del Renacimiento en España (siglo XVI). Su sobrio estilo arquitectónico y decorativo, llamado Herreriano, era representativo del Imperio español de Felipe II y sus sucesores de a casa de Austria.

Francisco ha dedicado toda su vida a estudiar. Es muy joven, pero ya es un sabio que domina a la perfección tres de las siete artes liberales: la Gramática, la Retórica y la Dialéctica[7]. Por este motivo es el ayudante del fraile encargado de guardar la biblioteca, uno de los grandes tesoros que contiene el Monasterio y, sin duda, también uno de sus mayores misterios, ya que hay muchos libros antiguos e incluso algunos prohibidos[8]. Todas las mañanas, el joven aprendiz, después de cumplir con los oficios comunes, pasa a la gran sala llena de vitrinas y de estanterías con magníficos libros. Entre aquellos muros decorados, bajo aquel techo cubierto de **frescos** representando las siete artes liberales[9] y en un completo y total silencio, Francisco se concentra en aprender, de las antiguas enseñanzas, sabios y útiles consejos para entender el presente.

Faltan pocos minutos para la llegada del Rey al Monasterio. Francisco entra por una de las puertas laterales de la basílica. Desde allí, discretamente apoyado en uno de los gruesos pilares, podrá seguir la ceremonia. Desde su posición, la vista del **retablo** de la **capilla** Mayor es impresionante: bellas esculturas de los Padres de la Iglesia y de los **Apóstoles**, figuras representando el **Calvario**… "El conjunto es toda una expresión de

Fresco: pintura que se hace en las paredes y techos.
Retablo: conjunto de figuras que representan una historia.
Capilla: edificio que forma parte de una iglesia y que tiene altar propio.
Apóstol: cada uno de los doce discípulos de Jesucristo.
Calvario: lugar donde murió Jesucristo.

---

7 -Las tres juntas conformaban lo que se denominaba Trivium en el mundo clásico greco-latino.
8 -En esta época la Iglesia persigue los libros que se consideran contrarios a la fe católica o a lo acordado en el Concilio de Trento (1545-1563), origen de la contrarreforma. Entre estos libros están los de magia, brujería o algunos tratados humanistas.
9 -Las siete artes liberales eran: Gramática, Retórica, Dialéctica, Aritmética, Geometría, Astronomía y Música.

grandeza, -piensa Francisco- como lo es todo cuanto hay en el Monasterio".

Como el resto de **monjes**, no es la primera vez que Francisco está en una celebración real, pero sí la primera de esta categoría.

El pasillo principal de la iglesia empieza a llenarse de invitados. Cortesanos, consejeros, embajadores de otros países. Todos quieren estar lo más cerca posible del Rey, notar en su figura pálida, **enlutada** y **austera**, algún gesto de satisfacción por ver terminado uno de sus mayores **empeños** personales.

Desde que se supo la noticia, nadie en El Escorial habla de otra cosa. Recuerda Francisco que fray José, uno de los monjes más ancianos y encargado de la **botica**, cada vez que alguien empieza una conversación con el tema, él la termina diciendo unas casi **inaudibles** palabras acerca del inútil derroche que para la débil economía del monarca significan aquellas obras. En realidad nadie en el Monasterio sabe tanto de números como él y, por eso, fray José siempre tiene la razón en estas discusiones.

Francisco se acuerda ahora, momentos antes de ver al Rey, y se pregunta cuánto de verdad hay en aquellas palabras de fray José y si será cierto, algún día, que este

---

Monje: religioso que vive en un monasterio.

Enlutado: vestido de negro.
Austero: sencillo.
Empeño: fuerte deseo.

Botica: farmacia, laboratorio.
Inaudible: que no se puede oír.

Imperio en "donde nunca se pone el Sol"[10], dejará de ser importante.

De repente, todas las miradas se dirigen a la puerta central. Por allí, atravesando el gran patio de los Reyes, entra Felipe II seguido a ambos lados por dos hombres de su corte. Un gran silencio acompaña los movimientos del monarca, que lentamente camina hacia el **altar** para tomar asiento. Detrás va su mujer, la reina Ana de Austria, su cuarta esposa. Tiene una mirada melancólica y triste. A continuación, una representación de consejeros, secretarios y altos cargos de la Iglesia y del Tribunal de la Santa Inquisición. Entonces el obispo alza su voz grave en medio del silencio y comienza a pronunciar antiguas fórmulas en latín que resuenan como cañones en los gruesos y desnudos muros de **granito** del templo.

Altar: especie de mesa donde el sacerdote celebra la misa.

Granito: roca muy dura.

Después de la misa, la seriedad que acompañaba a todos los presentes se convierte poco a poco en un ambiente más festivo. "De todas formas -piensa Francisco- hoy es un día que nadie, ni tan siquiera el propio Rey, será capaz de olvidar".

-¿Qué ocurre, fray Francisco? -dice una voz desde la oscuridad. -¿No vas a unirte a la celebración?

-Eh, sí, claro, sí -responde algo confuso Francisco. -Pero ¿quién me habla?

---

10 -La expresión "donde nunca se pone el Sol" se refería a la gran superficie que ocupaba el Imperio español de Felipe II, que se extendía por tres continentes: Europa, América y Asia.

—Soy yo, ¿no me conoces? -dice la voz.

—Perdón... el eco de las paredes... la confusión... -responde Francisco. -Ahora mismo, no.

—Soy Pedro, tu amigo -contesta serenamente la voz.

—¡Pedro! ¡Fray Pedro! -exclama Francisco. -¡Cuánto tiempo, viejo amigo! ¿Qué haces en este **remoto** lugar?

Remoto: lejano.

—Lo mismo que tú, imagino... -responde Pedro.

—Lo mismo no, yo vivo aquí -dice Francisco.

—Lo sé, amigo, lo sé, por eso en parte he venido -responde fray Pedro.

—¿Ah sí? ¿Y por qué estabas tan seguro de encontrarme? -pregunta Francisco.

—Las noticias vuelan en la Corte, querido amigo. Un día oí algo sobre un joven fraile que había empezado a vivir en el Monasterio. Y, preguntando, al final supe que eras tú -aclara.

—¿Y por qué? -quiere saber Francisco.

—Muy sencillo, solo alguien como tú, con tu edad,

puede haber ganado tan fácilmente una plaza de ayudante en la gran biblioteca -explica Pedro.

-Bueno, eso...

-No seas modesto, Francisco, que nos conocemos desde hace mucho. Tú siempre fuiste el primero del seminario -dice Pedro.

-Bueno, pasaba muchas horas estudiando, en vez de ir a la taberna. Tú, en cambio, eras mucho más inteligente...

-Puede. En cualquier caso, tanto estudiar te ha servido de algo -afirma fray Pedro.

-Tienes razón. Y a ti, ¿tanto visitar la taberna? -pregunta bromeando Francisco.

-Bueno..., algo.

-Venga, que nos conocemos, ese bueno... significa algo importante -afirma curioso Francisco.

-Veo que sigues tan observador como siempre. ¿Conoces algún lugar **discreto** donde poder conversar pausadamente? -pregunta fray Pedro.

Discreto: reservado, separado.

Fachada: pared principal.
Meridional: sur.

—A las nueve espérame en la esquina de la **fachada meridional**. Desde allí volveremos por otra puerta al interior.

—Comprendo. A las nueve. Que Dios te acompañe, fray Francisco.

—Que Dios te acompañe.

A Francisco estos encuentros inesperados le producen una gran inquietud. No está acostumbrado a ellos.

Fray Pedro fue su compañero durante los primeros años de formación. Compartieron tardes y noches de agradable conversación. En su recuerdo, Pedro era como un chico ingenioso, servicial y con una personalidad alegre y seductora ante la que era casi imposible permanecer indiferente. Es verdad que la **vocación** de Pedro siempre fue menos fuerte que la suya, recuerda Francisco, pero también es cierto que solía llevar con bastante discreción toda su vida no religiosa.

Vocación: llamada a la vida religiosa.

Mientras vuelve a su celda, procurando no encontrarse con nadie, la mente de Francisco no para de darle vueltas a la repentina aparición de su antiguo amigo y a los motivos por los cuales este quiere entrevistarse con él en condiciones casi clandestinas.

Ha sido una mañana muy especial. El Monasterio está invadido por decenas de personajes ilustres, y el centenar de monjes jerónimos[11] que residen habitualmente en el edificio se ha ido al **ala** más apartada del mismo para dejar el resto de estancias a los nuevos invitados.

Tras la larga ceremonia, Felipe II se ha retirado a descansar a sus habitaciones privadas. Estas se encuentran detrás de la capilla mayor de la iglesia. Al igual que su padre en Yuste, Felipe II había ordenado abrir un **hueco** que da al coro de la basílica para poder seguir diariamente desde allí los oficios religiosos. El refugio privado del rey es todo un ejemplo de austeridad y sobriedad. El lujo y la decoración han sido reducidos al mínimo, y las propias habitaciones reales se parecen más a las desnudas celdas de los monjes, que a lo que se espera de todo un gran rey cristiano.

Cuando Francisco llega a su celda, se tumba a descansar sobre el duro **camastro**. De repente, decide mantenerse despierto, a pesar de que falta un rato largo para la comida y se levanta. Está inquieto. Mira sus pertenencias. Allí, sobre el **modesto** escritorio, sigue el catálogo de botánica escrito por Francisco Hernández[12] que la semana anterior se había llevado de la biblioteca. Francisco se acerca a la mesa, abre con delicadeza el grueso volumen y se pone a leer.

Ala: cada una de las partes a los lados del edificio principal.

Hueco: espacio, abertura que sirve como ventana.

Camastro: cama muy sencilla, sin ropa.
Modesto: sencillo con pocas cosas.

---

11 - En un principio, los monjes que habitaban en el Monasterio eran 50. Más adelante ese número se amplió a 100.
12 - Francisco Hernández fue protomédico de Felipe II. Tenía una gran formación intelectual y científica y una mentalidad abierta. El Rey lo eligió para dirigir una expedición científica a América.

Sayo: prenda de vestir simple sin botones y hasta la rodilla.

Refectorio: habitación donde se come.

Fraile: religioso.

Dos horas más tarde se despierta. Sin querer, se ha quedado dormido sobre el libro abierto. Sin apenas tiempo para arreglarse, lo cierra, se estira el **sayo** y abandona la celda. "El resto de monjes deben estar ya en el **refectorio**", piensa Francisco, y sale corriendo.

En efecto, cuando Francisco llega, todos los **frailes** están sentados alrededor de la gran mesa. El silencio, norma habitual durante las cenas y las comidas, ha sido sustituido por un murmullo constante de voces.

Francisco se sienta en el primer hueco que ve libre y se dedica a observar a sus compañeros. Hay emoción en sus caras y en sus gestos. La visita del monarca para la inauguración les llena a todos de orgullo. Hasta el más mínimo detalle de la ceremonia ha sido registrado por aquellos ojos hambrientos de nuevas emociones. Francisco, que está pensando en otras cosas, se fija en la conversación de fray Julián y fray Bartolomé, que están sentados a su izquierda y derecha.

-¿Viste la cara del Rey cuando el arzobispo se acercó a darle la comunión? -pregunta fray Julián.

-Sí, parecía tener la mente en otra cosa -responde.

-Algo debe de preocuparle. Tiene fama de serio, pero hoy… -puntualiza fray Julián.

-Tienes razón. Hoy es un día para estar alegre y olvidarse de todas las empresas inacabadas que el Rey defiende -añade fray Bartolomé.

Durante la comida, los monjes del Monasterio, incluso el prior, que siempre se mantenía distante, hablan de lo mismo. Las conclusiones, si las hay, son lo de menos, pues ninguno de los presentes se atreve a decir la causa de la aparente preocupación del monarca.

Todavía faltan cinco horas para la misteriosa cita con Pedro. Y a pesar de que hoy toca visita a la sala capitular[13], a Francisco el hecho de esperar toda la tarde le produce un **fastidio** difícil de disimular. Francisco cumple con la regla de forma **intachable**, pero sabe que la sala capitular es una de las obligaciones que más le aburre.

Fastidio: enfado, cansancio.
Intachable: sin defecto.

Al fin llega la noche y Francisco se prepara para salir. Queda aún un cuarto de hora para las ocho, el tiempo justo de ponerse un manto oscuro para pasar inadvertido. Cuando está listo, abandona silenciosamente la celda, y camina con cuidado hasta una pequeña puerta que conduce al exterior, justo a la fachada meridional, el lugar donde ha quedado con fray Pedro.

Es una noche fría y tranquila, de un cielo oscuro y lleno de estrellas brillantes. Tiene frío. Se protege del viento apoyándose con fuerza en el muro del Monasterio.

---

13 -En este lugar se reunía la comunidad de monjes con el abad para hacer el capítulo, es decir, recordar las escrituras de la regla adoptada y conversar sobre asuntos relacionados con el monasterio y sus habitantes.

VIVIR EN EL ESCORIAL   UN PASEO POR LA HISTORIA

Al poco tiempo, visiblemente agitado, llega Pedro.

-Perdona, Francisco, no he podido venir antes -se disculpa fray Pedro.

Burlón: irónico, bromista.

-Estás disculpado, hay cosas que no cambian -le responde Francisco en tono **burlón**.

-Ha sido difícil llegar hasta aquí -dice Pedro. -A pesar de los aires festivos, no todo marcha bien en la Corte.

-¿De eso querías hablarme? -insinúa Francisco.

-Sí, creo que me puedes ser de gran ayuda -responde Pedro. -Pero mejor hablamos en otro sitio más seguro.

-Tienes razón -dijo Francisco-. Vamos dentro, conozco un **escondite** cerca de la **cripta**, allí estaremos a salvo.

Escondite: lugar para guardar algo.
Cripta: lugar bajo tierra para enterrar a los muertos.

Ambos amigos entran de nuevo al Monasterio y caminan hasta llegar cerca del altar mayor de la basílica. Francisco señala a fray Pedro una pequeña escalera y por ahí bajan, a oscuras, en dirección a la cripta.

-Aquí es -dice Francisco. -Esa puerta da acceso al panteón[14] donde descansan los restos de Carlos V. No

---

14 -Se refieren al panteón de los Reyes, la cripta subterránea que contiene los 26 sepulcros de mármol donde reposan los restos de los reyes y reinas de España.

puedo mostrarte el interior porque solo el prior tiene las llaves, pero yo, que he entrado una vez, te aseguro que la visión es **sobrecogedora**.

Sobrecogedor: que causa sorpresa.

Fray Pedro se acerca a la gruesa puerta, y pasa la mano por encima del mármol...

-¿Así que aquí es donde acabará también el rey Felipe? -pregunta fray Pedro.

-Felipe y todos los demás -responde Francisco. -Para eso se hizo.

-¿Y crees que se llenará algún día? -ironiza Pedro.

-Bueno, solo Dios, que por supuesto es español, lo sabe. Todo depende de si lo hacen bien y los **súbditos** así lo reconocen -respondió Francisco.

Súbdito: persona que obedece a un superior.

-Cuidado con lo que dices, fray Francisco, ten en cuenta que este monarca lo escucha todo, y hoy por hoy no está bien visto dudar ni un poquito de la monarquía -le recomendó fray Pedro.

-Tienes razón, además, sabes que a mí no me gusta la política, prefiero los libros, son mucho más honestos -contestó Francisco.

—Lo sé, de eso he venido a hablarte —dijo Pedro.

—¿De libros? —preguntó Francisco.

—De política y de libros —respondió fray Pedro.
—Bueno, exactamente de libros no, de documentos.

—Explícate más, querido amigo, porque si no creo que no podré ayudarte —dijo Francisco.

—Aunque parece que vives retirado aquí, seguro que has oído hablar de lo que sucede con Antonio Pérez, el que fue secretario del Rey, ¿no? —dio por hecho Pedro.

—Algo —respondió brevemente Francisco.

—¿Qué? —volvió a preguntar fray Pedro.

—Pues que Antonio Pérez, desde el oscuro asesinato de Juan de Escobedo[15], ha pasado todos estos años en prisión —respondió Francisco. —Pero, sinceramente, no conozco más detalles.

—Efectivamente, no conoces mucho —dijo fray Pedro. —Pero para eso estoy yo aquí. Antonio Pérez fue acusado en junio, de aceptar **sobornos** y traicionar ciertos secretos de estado, pero solo le condenaron a pagar una multa

Soborno: corrupción.

---

15 -Juan de Escobedo (1530-1578). Secretario personal de don Juan de Austria por recomendación de Antonio Pérez. Debía vigilar a don Juan, pero Escobedo fue uno de sus más fieles partidarios y reunió pruebas de los negocios ilícitos y del apoyo a los rebeldes por parte de Pérez y Ana de Mendoza (princesa de Éboli). Por eso Antonio Pérez lo denunció ante el Rey y finalmente ordenó su asesinato.

y a perder su cargo -continuó Pedro.

-¿Y qué tiene que ver eso conmigo? -preguntó **intrigado** Francisco.

Intrigado: que tiene curiosidad.

-Directamente nada, claro, pero hay que estar atentos a los rumores... -respondió Pedro. -Muchos dicen que pronto Antonio Pérez será acusado y arrestado formalmente.

-¿Pero el asesinato de Escobedo no fue en 1578? -preguntó **desconcertado** Francisco. -¿Por qué ahora y no antes?

Desconcertado: sorprendido.

-Eso, me temo, solo el monarca lo sabe -respondió fray Pedro. -Yo lo que quiero es pedirte un favor: guarda contigo en la biblioteca estos valiosos documentos y de paso estúdialos detenidamente para comprobar si son o no falsos.

-¿Qué contienen esos documentos de especial? -preguntó Francisco.

-Lo sabrás cuando los leas, si es que decides hacerlo -respondió Pedro. -¿O prefieres no tomar partido? Si es así, dímelo ya, porque necesito saberlo cuanto antes.

Tener entre manos: estar en un asunto, tema.

-No sé qué **tienes entre manos**, fray Pedro, pero

seguro que si viene de ti es algo importante y peligroso. Lo peor es que, por la amistad que todavía te guardo, no te puedo mandar al infierno... y, me temo que no me queda más remedio que aceptar -dijo Francisco.

-¡Lo sabía! ¡Estaba seguro de ello! -exclamó fray Pedro. -Sabía que este viaje no iba a ser inútil.

-¡Ah!, una pregunta más, si me permites -alzó la voz Francisco.

-No faltaba más, amigo, dime -respondió Pedro.

-¿A qué te dedicas exactamente? ¿Cuál es tu oficio? -preguntó Francisco.

-¿De verdad quieres saberlo?

-Por supuesto, si vamos a colaborar juntos...

-Soy, ejem..., soy uno de los confesores del Rey. El mismo monarca, en persona, me otorgó el cargo hace ahora dos años, cuando uno de los que ocupaba el puesto, el más anciano, murió de repente.

Soberano: que tiene la autoridad suprema.

-Así que estoy hablando con una de las personas que más secretos conoce del **soberano** con más poder de la tierra...

-Vas por buen camino, amigo Francisco.

-¿Y por qué una persona que conoce tantos secretos viene a mí, un sencillo ayudante de biblioteca?

-Ya no eres un sencillo ayudante de biblioteca, desde hoy, eres oficialmente ayudante del confesor...

-Pero, eso... ¿no se supone que tiene que decidirlo alguien más?, el propio Rey, por ejemplo.

-Felipe II confía mucho en mí. Me dijo que si en algún momento necesitaba un ayudante, que yo mismo lo podía elegir sin contar con nadie, incluso sin contar con él. Hasta ahora no había necesitado ayuda, pero las cosas han cambiado. La política en palacio cada vez se vuelve un asunto más oscuro.

-¿Y quién más va a saber que yo soy tu ayudante?

-Si todo va bien, nadie.

-Eso suena muy enigmático.

-Vivimos en un siglo enigmático; no te olvides de las noticias que llegan del Nuevo Mundo.

-Tu respuesta me produce nerviosismo -dijo Francisco.

 VIVIR EN EL ESCORIAL   UN PASEO POR LA HISTORIA

-No te preocupes, solo empieza a hacerlo si ves que me sucede algo a mí.

Francisco lanzó una mirada escéptica a su amigo al tiempo que hacía gestos de **incredulidad** con la cabeza. Ambos se abrazaron, y en ese mismo momento se dieron cuenta de que, en el calor de la conversación, habían olvidado vigilar si alguien les espiaba.

Incredulidad: que no se puede creer.

Mientras subían de nuevo las escaleras, Francisco susurró algo al oído de fray Pedro.

-Ven, quiero enseñarte algo -le dijo Francisco a fray Pedro cuando llegaron arriba de la basílica.

-No será uno de esos códices llenos de signos **indescifrables** que tanto te gustan -rio fray Pedro.

Indescifrable: que no se puede descubrir lo que está escrito.

-No, claro que no -dijo Francisco. -Esos no salen de la biblioteca; además, creo que no los vas a apreciar en su justo valor -rio por lo bajo Francisco.

Peste: enfermedad contagiosa grave.
Crucifijo: imagen de Cristo en la cruz.

-Tampoco es para tanto -respondió con ironía fray Pedro. -De momento la **peste** no parece estar en los libros.

-Mira allí arriba -ordenó Francisco. -¿Ves ese **crucifijo**? Es obra de Cellini, ese escultor italiano que tiene una leyenda tan terrible -explicó Francisco. -De todos los tesoros que posee el Monasterio, este Cristo de mármol, junto con los libros, es mi mayor debilidad.

-Ciertamente es muy hermoso -dijo fray Pedro.

-¡Más que hermoso! -exclamó Francisco. -Lo que nunca he comprendido es cómo un alma tan poco católica pudo realizar un rostro tan bello.

-Es arte -dijo fray Pedro.

En el mismo instante que Francisco acababa de pronunciar estas palabras, la puerta de una de las **naves** laterales chirrió y un ruido de pasos cada vez más cercano alertó a los dos amigos.

-¿Quién anda ahí? -gritó una voz.

Tras un momento de duda, Francisco respondió.

-Soy yo, fray Francisco.

-¿Y con quién estás? -preguntó de nuevo la voz.

-Solo, con quién voy a estar -respondió Francisco con tono **entrecortado**.

Nave: espacio entre los muros o columnas de un templo.

Entrecortado: intermitente.

—Me pareció oír más voces, ¿hablabas con alguien?

—Sí, hablaba con el Cristo -dijo rápidamente Francisco, cuando reconoció a quién pertenecía la voz.

Era fray José, el boticario, que como casi siempre alrededor de la media noche sale de su celda. Fray José tiene dificultad para conciliar el sueño, debido probablemente a su avanzada edad y al mucho tiempo que pasa rodeado de gases y probetas.

—¡Menudo susto que me ha dado! -exclamó Francisco al verle aparecer detrás de una columna.

—Hijo, te he dicho muchas veces que no es conveniente salir a estas horas, y menos cuando el Rey duerme en el Monasterio. ¿Recuerdas cuánto te he advertido de lo peligroso que es? -dijo fray José.

—Lo sé, padre, pero la emoción de hoy no me deja dormir, por eso he venido aquí -se excusó Francisco.

—No es necesario mentir, hijo -respondió fray José para sorpresa de Francisco. -Sé que no estabas solo, pero lo más importante es mantener el juicio y saber lo que haces; por lo demás, permaneceré callado.

—Yo... Francisco traga saliva. Sus manos aún reflejan

el repentino pánico que se había apoderado de él cuando la voz les sorprendió. Debajo de su túnica, escondidos, seguían los papeles que fray Pedro, justo un momento antes de escapar por la ventana, le había entregado a escondidas. El áspero roce del papel contra la piel le molesta, y en su mente solo hay una idea, llegar cuanto antes a su celda y dormir las pocas horas que aún faltan para el **alba**.

Alba: primera luz del día antes de salir el Sol.

Pasan las semanas, y con ellas la fiebre de aquellos días de celebración. La vida dentro del Monasterio vuelve a recuperar su habitual calma. Felipe II ha regresado con toda su corte a Madrid[16]. El silencio es otra vez protagonista mudo de la vida cotidiana de los monjes.

Durante este tiempo, Francisco apenas ha tenido un momento para consultar los documentos de su amigo. Las obligaciones en la biblioteca absorben toda su jornada. Francisco tiene la responsabilidad de ordenar y clasificar una especie de reserva preciosa, que llaman "librería secreta". En esta estancia **restringida** se depositan los libros hebreos, arábicos y los ejemplares raros o viejos de obras griegas o latinas. La labor de Francisco consiste, precisamente, en buscar, seleccionar y **descartar** aquellos manuscritos que no cumplen las exigencias de rareza acordadas. Cuando después de este duro

Restringida: limitada.

Descartar: excluir, rechazar.

---

16 -Felipe II hizo continuos viajes a El Escorial. Todos los desplazamientos eran regulares y previsibles, por eso se extendió por toda la corte una estrofilla humorística sobre los "grandes desplazamientos del monarca" que decía: "De Madrid a El Escorial, de El Escorial a El Pardo, de El Pardo a Aranjuez, de Aranjuez a Madrid...". No se sabe quién compuso esta letra.

trabajo Francisco se mete, por la noche, en su celda, apenas tiene fuerzas ni vista para emprender de nuevo la lectura. Durante estas duras jornadas, Francisco piensa, muy seriamente, en cómo el Rey hace para leer sin descanso todos los expedientes que redactan los consejos y la diplomacia[17] y, encima, le sobra tiempo para escribir largas y detalladas cartas a sus hijos.

A pesar de todo, Francisco no para de darle vueltas al asunto de Antonio Pérez. ¿Qué secretos contenían aquellos documentos? ¿A quién o a quiénes podía afectar su revelación? ¿Por qué fray José dudaba de su autenticidad? Francisco decide que es el momento de ponerse a ello, y **fingiendo** estar repentinamente enfermo, consigue, por parte del prior, tres días enteros de descanso.

Para mayor seguridad, Francisco guarda el **puñado** de papeles debajo del colchón. Allí nadie mira nunca, pues cada fraile es el encargado de limpiar su celda y no existen razones para entrar en las celdas de los otros.

Francisco pasa aquellos tres días obsesionado con los documentos. Por la mañana, muy pronto, se acerca al claustro principal y da tres vueltas completas a su alrededor. Esta costumbre, aseguraba Francisco, le venía muy bien para refrescar las ideas y aclarar la mente. Después va al refectorio, y tras un breve y ligero almuerzo, regresa a su celda. Una vez allí, saca de debajo del **catre** los documentos de fray Pedro y, tras asegurarse

Fingir: simular, aparentar.
Puñado: poca cantidad de algo.

Catre: cama ligera para una sola persona.

---

17 -Felipe II ejerce gran control sobre la burocracia. Supervisa prácticamente cada uno de los documentos generados por sus más de diez consejos, de los cuales Hacienda, Castilla e Indias eran los más importantes.

de cerrar bien la puerta de la celda, se concentra en su lectura durante el resto de la mañana y de la tarde.

Francisco apenas da crédito a lo que ha leído. Está tan nervioso que muchos de los hermanos se preguntan si no habrá empeorado de su dolencia en vez de recuperarse. Redactó una carta urgente para fray Pedro y la depositó en el correo del Monasterio. La carta no tenía remite, pero a pesar de todo, el riesgo que corría Francisco, piensa él, seguía siendo muy grande. De repente, sin apenas darse cuenta, se dijo "soy el ayudante del confesor y me veo en la necesidad de mandar una carta sellada que contiene respuestas que harían saltar de alegría a todos los enemigos del monarca".

A los pocos días, recibe la contestación de fray Pedro. Deben volver a reunirse urgentemente antes de finales de mes. Él tenía que subir de nuevo a El Escorial. Pero esta vez la cita sería fuera del Monasterio, en el pueblo, en una taberna de confianza cuyo dueño era un hombre discreto antiguo amigo de Pedro.

Según se acerca la cita, el nerviosismo de Francisco va en aumento. Teme que alguien descubra los documentos, por lo que cada vez desconfía más de los frailes, excepto de uno, fray José, del que estaba seguro que conocía algo del asunto, pues siempre salía en su defensa cuando se encontraba en **apuros**.

Apuro: conflicto, dificultad.

Han pasado casi dos meses desde la primera vez que se vieron. Fray Pedro, con un reluciente traje negro y una enorme capa, aparece al otro lado del puente. Francisco apenas recuerda la última vez que salió del Monasterio. Todo lo que había fuera de sus muros le traía lejanos recuerdos de una etapa de su vida ya para siempre acabada. Fray Pedro extiende su mano en señal de afecto, y Francisco la aprieta con fuerza.

Es noche cerrada en la pequeña aldea de El Escorial. Los dos amigos caminan rápido por las estrechas calles **empedradas**. Solo los **búhos** y grillos son testigos de su encuentro. Por fin, después de más de diez minutos, fray Pedro se detiene delante de un estrecho **callejón**.

-Hemos llegado, aquí es -dijo fray Pedro. -Al fondo hay una puerta, si no me equivoco conduce a la parte de atrás de la taberna.

-¿Crees que este lugar es seguro? -preguntó con desconfianza Francisco.

-Con toda seguridad -respondió secamente Pedro.

Entran sin llamar, sin hacer mucho ruido. La despensa de la taberna es una pequeña habitación vieja y fría, llena de **barriles** vacíos por el suelo. Hay cientos de **grietas** en las paredes de madera, y el techo parece un laberinto de telas de **araña**.

Empedrado: de piedra.
Búho: ave nocturna.
Callejón: calle muy estrecha y larga a veces sin salida.

Barril: recipiente de madera o metal para líquidos.
Grieta: corte alargado.
Araña: insecto.

—Sí que parece un sitio seguro, sí, —dijo Francisco. —Parece que no ha entrado nadie en años.

—Cierto, la taberna se cerró hace mucho. El dueño vive en la parte de arriba. Yo era uno de sus mejores clientes, y al final nos hicimos amigos —explicó Pedro. —Le dije que tenía una cita importante y que quería dos jarras de buen vino sobre la mesa. Como ves, es hombre de palabra.

En efecto, en una de las esquinas de la habitación había una pequeña mesa. Y sobre ella dos jarras de barro y dos vasos.

—Cuando quieras, amigo —señaló fray Pedro.

—No lo pensemos más —respondió Francisco.

Los dos amigos se sientan. Pedro hace los honores, y sirve los primeros vasos de vino. Francisco se levanta:

—Por Dios y por el Rey.

—Por nosotros —respondió fray Pedro.

—Entonces cuéntame —empezó a decir fray Pedro. —¿Qué conclusiones sacas de lo que has leído?

—Es más grave de lo que yo pensaba -respondió Francisco. -Todos esos papeles señalan a Antonio Pérez, sí, pero no solo a él.

—¿Qué quieres decir? -dijo Pedro -¿Quién más es responsable?

—No sé si lo que voy a revelarte lo conoces ya, y lo que buscas tan solo es que alguien de confianza te lo confirme -dijo Francisco. En cualquier caso, no tiene que saberlo nadie más, ¿me entiendes?

—No lo revelaré, te lo juro -dijo.

—La conspiración para asesinar a Escobedo está manchada de **sangre azul** -dijo Francisco.

—Así que...

—Sí, el Rey no solo **estaba al corriente** del asunto, sino que todo indica que lo animó y permitió -dijo Francisco.

—¿Qué pruebas hay? -preguntó fray Pedro.

—Una que no se puede negar -respondió tajante Francisco. -La firma.

Tener sangre azul: que pertenece a la nobleza.
Estar al corriente: saber algo.

—¿Y cómo sabes que no es una falsificación? -volvió a preguntar fray Pedro.

—No puede serlo -respondió Francisco. -Durante estos últimos años he visto muchas veces la firma del Rey en multitud de documentos y libros de la biblioteca. Me he convertido en todo un experto.

—Ya...

—¿Dudas de mí? -preguntó Francisco.

—No, claro que no -respondió fray Pedro. -En el fondo no puedo engañarte, fray Francisco. Cuando te di los documentos, ya sospechaba lo que podían contener. Pero necesitaba estar seguro, y tu opinión será siempre mucho más cualificada que la mía.

—Tu confianza me enorgullece, amigo, aunque en este caso no sé si es para estar un poco preocupado por las conclusiones -se lamentó Francisco.

—No debes preocuparte -le tranquilizó fray Pedro. —¿Qué has hecho con todos los papeles?

Francisco se abrió con cuidado el vestido y sacó un puñado de papeles arrugados atados con una cuerda.

-Los llevaba aquí -se disculpó Francisco. -Nunca sabes con quién puedes encontrarte hoy día.

-Hiciste bien -dijo fray Pedro. -¿Están todos?

-Sí -afirmó Francisco.

-Bien, ya no tienes por qué preocuparte, ahora toda la responsabilidad es solo mía -dijo Pedro. -Nadie sabrá nunca que estos papeles estuvieron en tus manos.

Francisco y su amigo siguieron charlando y bebiendo hasta pasadas las cinco de la madrugada.

-Cuéntame más de la corte, fray Pedro, de momento solo conozco intrigas y asesinatos.

-Ser el confesor del Rey te da mucho poder -dijo orgulloso fray Pedro. -Al final conoces todos sus estados de ánimo, y cuándo sus ojos reflejan preocupación, amor o cólera.

-¿Alguna vez reflejaron amor? -preguntó con interés Francisco.

-Sí, y siempre en presencia de la misma mujer.

-De la reina, supongo...

—No, de otra mujer.

—No parece el Rey muy amigo de coquetear con otras mujeres.

—Sí, cierto, pero el magnetismo de esta es impresionante. Su figura es misteriosa y enigmática.

—¿Quién es esa **dama** que consigue poner nervioso a nuestro Rey? ¡Dime su nombre!

Dama: mujer noble.

—Una princesa. La princesa de Éboli.

—¿Y fue el propio Rey quien te lo confesó?

—No, pero siempre que habla de ella, siempre que ella está cerca, percibo un brillo especial en sus ojos. Una urgencia por terminar rápido las cuestiones pendientes, y concentrarse solamente en...

—Sabes si... -le interrumpió Francisco.

—No. El Rey es muy prudente, jamás va a hablar de ese tema con nadie.

—Y tú, ¿qué es lo que crees?

—Yo soy el confesor, estoy obligado a creer solamente lo que él quiere revelarme.

Cuando salen de la taberna, los primeros rayos de sol penetran por la única ventana que ilumina la habitación.

Fray Pedro acompaña a Francisco hasta una de las puertas laterales del Monasterio. Allí se despiden con un cálido abrazo y se desean suerte para el futuro.

-Mientras yo esté cerca del Rey, tú seguirás siendo mi ayudante -le recordó fray Pedro... En cualquier momento puedo volver a necesitar tu ayuda.

-No lo olvidaré mientras viva, fray Pedro.

-¡Espero volver a verte pronto, amigo! -dijo Pedro.

-¡Y yo a ti también! ¡Gracias por librarme de la monotonía! ¡Te deseo mucha suerte y que todo te vaya bien! -exclamó Francisco.

Ha pasado más de un año desde esta conversación. Las cosas en El Escorial parecen ir mejor que nunca. El padre Sigüenza está de nuevo en el Monasterio y es el encargado de predicar, en presencia del Rey, el **sermón** de la primera festividad de San Lorenzo.

Sermón: discurso del sacerdote ante los fieles.

Las noticias que llegan del Imperio, salvo pequeños contratiempos como el ataque del pirata inglés Francis Drake[18] al puerto de Vigo, o los breves combates de

---

18 -Corsario inglés y vicealmirante de la *Royal Navy*. Es un protegido de la corona inglesa, pero en España se le consideró un vulgar pirata dedicado a robar navíos.

los Tercios en Flandes[19], parecen consolidar aún más el poder de Felipe II sobre todos sus territorios.

En la Corte, en cambio, los rumores sobre traiciones políticas crecen y crecen. Tanto, que los enemigos de la cristiandad crearon una leyenda negra en torno al Rey que no deja de ser cada vez más oscura[20].

En 1585 Antonio Pérez es, por fin, acusado oficialmente por el asesinato de Escobedo. Pasa un tiempo en la cárcel, de la que se escapa e intenta refugiarse en una iglesia cercana. Más tarde es encarcelado en el castillo de Turégano, cerca de Segovia. Y un año después es trasladado, para mayor seguridad, a Madrid.

Francisco, desde la tranquilidad recobrada de su vida diaria, sigue con escepticismo estas noticias. Sus quehaceres en la biblioteca, donde cada vez se acumulan más libros, y el cumplimiento fiel de todos los oficios religiosos, apenas le dejan tiempo para pensar en otra cosa.

Francisco, que siempre huye de la polémica, apenas dice una palabra cuando el Greco acaba de pintar el *Martirio de San Mauricio* para Felipe II. Para muchos, incluido el propio Rey, el cuadro es un auténtico **desafío** a la tradición. Francisco, al que la pintura y el arte solo gustan como reflejo de una idea divina de belleza, pien-

Desafío: competición, reto.

---

19 -Flandes veía a Felipe II como un rey de un país extranjero y las leyes españolas como unas leyes impuestas. Los dominios del norte se convirtieron en campo de batalla, alimentado por Francia e Inglaterra, que querían debilitar a la Corona española.
20 -*Leyenda Negra* es un término que tiene su origen en las barbaridades cometidas por a Inquisición, el brutal trato contra los indios americanos a manos de los conquistadores y las guerras contra los protestantes en el norte de Europa.

sa que la obra está muy bien. Pero esto último se lo calla por temor a caer en desgracia si el monarca, por casualidad, se entera algún día de su pasión por el artista cretense.

Toda esta calma se rompe una mañana de invierno de 1586. Francisco está, como de costumbre, sentado en uno de los escritorios de la biblioteca, cuando se le acerca el padre fray José.

-¿Ocurre algo, padre? -preguntó Francisco -Le veo nervioso.

-Deja inmediatamente lo que estás haciendo y sígueme -le respondió fray José.

-Un momento, fray José, ¿tan importante es? -dijo Francisco.

-Sí, no hay tiempo que perder -aclaró fray José.

Francisco abandona el libro que tiene entre las manos, ordena como puede el escritorio, cuidando de que la **pluma** y la tinta queden cerradas para evitar su derramamiento, y sigue al anciano fraile por los pasillos del Monasterio.

Pluma: objeto para escribir.

Al llegar a la galería de los convalecientes, fray José se detiene.

-Aquí estaremos bien -dijo.

-Pero ¿qué ocurre?, ¿qué es tan importante? -vuelve a preguntar Francisco.

-Fray Pedro, tu amigo -responde fray José.

-Sí, es mi amigo, usted lo sabe, nos vio juntos, pero... -duda Francisco.

-Ha desaparecido. Los rumores dicen que ha sido secuestrado -se anticipó fray José.

-¿Cómo? -pregunta Francisco.

-Tengo algo para ti, es una carta -dijo fray José.

-¿Una carta? -pregunta Francisco.

-La encontré en el correo, pensé que era algo privado, no la he abierto -aclara fray José.

Fray José rebusca en el bolsillo y saca un sobre. Es grande y amarillo.

-Toma, yo no quiero saber nada. Solo te aconsejo prudencia, como siempre -dice fray José.

Francisco se guarda la carta dentro del vestido, y tras despedirse del fraile sale rápidamente hacia su celda. Una vez a solas, abre el sobre. Junto con una carta de su amigo allí están de nuevo los documentos. Tras un breve ataque de pánico, los aparta y empieza a leer la carta.

Querido amigo:

*Si lees estas líneas es que todavía hay salvación para mí. Estoy viviendo mis últimos momentos de libertad. Tarde o temprano vendrán a por mí, lo sé. Se han enterado de que conozco la responsabilidad de X en el asesinato de Y. Todavía no sé cómo ha sucedido, pero me temo que ya nada de eso importa. Mi última oportunidad eres tú. Tienes que ayudarme. Debes hacer desaparecer los documentos. Tienes que hacerlo también por ti, porque seguramente algún día pueden ir tras tus pasos. Por mi parte, mi boca será una tumba, y a pesar de las torturas, jamás te **delataré**, ni a ti ni a nuestro Rey. Que Dios te acompañe.*

Tu amigo,

Z.

Delatar: descubrir lo que alguien ha hecho. Acusar.

Una lágrima **resbala** por su mejilla y cae en el papel. Francisco recuerda, al instante, el presentimiento que le pasó por la cabeza durante aquel encuentro con su amigo... Bien, ya habrá tiempo para lamentaciones, piensa, y con un rápido movimiento vuelve a guardar todos los papeles en el sobre.

Francisco baja de dos en dos las escaleras que conducen al claustro y desde allí toma una de las puertas que dan al exterior del Monasterio. Antes, por el camino, ha cogido con unas piedras de encender.

Una vez fuera, se dirige al bosque. El eco de los **ladridos** de los perros de caza llega hasta sus oídos, **tiene el vello de punta**. Cuando considera que está lo suficientemente lejos del Monasterio, saca el sobre y lo deja en el suelo. Con las dos piedras enciende una pequeña **llama**. Después, con cuidado, poco a poco va pasando la llama por el papel. Un humo negro empieza a ascender hacia el cielo. Los ladridos suenan cada vez más cerca. Cuando termina, la carta es ya solo ceniza. Francisco la tapa con un poco de arena y emprende rápidamente el camino de vuelta al Monasterio.

Pasa el tiempo y Francisco deja de temer por su vida y por la de su amigo, siente que su trabajo dentro de la biblioteca ya no le llena como antes.

Resbalar: caer.

Ladrido: voz de un perro.
Tener el vello de punta: tener miedo.

Llama: fuego.

Ducado:
moneda de oro.

Estamos en 1587. Los rumores sobre los preparativos para crear una armada invencible suenan cada vez con más fuerza[21]. En enero, una junta especial calcula el precio de la empresa. El coste total, según ha oído Francisco, es de 7 millones de **ducados**. El Rey está impaciente. La invasión de Inglaterra es la pieza definitiva de todas sus ambiciones y nada puede dejarse a la improvisación.

Francisco ve en esta gran aventura la mejor oportunidad para cambiar de aires y olvidar su vida en el Monasterio. Necesita tener la mente ocupada en otra cosa. Además, ya es hora de salir de la Península.

Congregación:
comunidad.

Esa misma tarde, una tarde cualquiera de verano en la sierra de Madrid, Francisco entra en el despacho privado del prior de la **congregación** con una ilusión en la cabeza.

Cuando sale, esa ilusión es ya una realidad.

---

21 -La Armada Invencible se compone de 130 buques y más de 30.000 hombres. Está al mando el duque de Medina Sidonia. Lucharon por conquistar la Inglaterra protestante de la reina Isabel I. Su derrota es el principio del fin del dominio español del mar.

ACTIVIDADES

Responde a las preguntas al mismo tiempo que lees el relato o después.

páginas 3 a 9

1. ¿Dónde está El Escorial?
....
2. ¿Qué representa el Monasterio de El Escorial? ¿Quién lo mandó construir?
....
3. ¿Qué problemas hubo durante la construcción del Monasterio?
....
4. ¿Quién es Francisco? ¿Dónde vive?
....
5. ¿Qué momento histórico ocurre cuando se sucede esta historia?
....

páginas 10 a 16

6. ¿Quién es Pedro?
....
7. ¿Cómo se conocieron Pedro y Francisco? ¿Cómo era su vida cuando estudiaban?
....
8. ¿Por qué quiere Pedro hablar con Francisco? ¿Dónde y cuándo se ven?
....
....

páginas 17 a 22

9. ¿De qué hablan Pedro y Francisco?
....
....
10. ¿Quién es Antonio Pérez? ¿Qué le pasa?
....
11. ¿Qué favor le pide Pedro a Francisco? ¿Cuál es la reacción de Francisco?
....
....
12. ¿A qué se dedica Pedro?
....
....

13. ¿Quién es fray José? ¿Qué le dice a Francisco?
....
....
....
....

14. ¿Qué es la "librería secreta"?
....
....
....

15. ¿Cómo reacciona Francisco cuando lee los documentos?
....
....
....

16. ¿Qué contienen los documentos? ¿Son auténticos?
....
....
....

17. ¿Dónde se encuentran Francisco y Pedro la segunda vez? ¿De qué hablan?
....
....
....

18. ¿Cómo es la vida en el Monasterio un año después de la despedida de los dos amigos?
....
....
....

19. ¿Qué noticia recibe Francisco de su amigo Pedro? ¿Qué le pasa?
....
....
....

20. ¿Qué hace Francisco después de leer la carta de su amigo?
....
....
....
....
....

GLOSARIO

Escribe la traducción de estas palabras en tu lengua.

- absorber ....
- aclarar ....
- acumular ....
- afecto, el ....
- afirmar ....
- alzar ....
- ánimo, el ....
- anticipar ....
- aparente ....
- apoyado/a ....
- apreciar ....
- áspero/a ....
- asunto, el ....
- atado/a ....
- atento/a ....
- barro, el ....
- búho, el ....
- capa, la ....
- cárcel, la ....
- cargo, el ....
- caso, el ....
- castigar ....
- ceniza, la ....
- chirriar ....
- clandestino/a ....
- cólera, la ....
- conciliar ....
- consultar ....
- contener ....
- contratiempo, el ....
- convaleciente ....
- convertido/a ....
- coquetear ....
- coste, el ....
- cumplimiento, el ....
- depositar ....
- derrochar ....
- despensa, la ....
- discreción, la ....
- disculpa, la ....
- disimular ....
- dolencia, la ....
- dominar ....
- efecto, el ....
- emprender ....
- encargado/a ....
- engañar ....
- enigmático/a ....
- enorgullecerse ....
- entorno, el ....
- entregado/a ....
- escapar ....
- espeso/a ....
- estancia, la ....
- etapa, la ....
- exigencia, la ....
- expediente, el ....
- extender ....
- festividad, la ....
- fondo, el ....
- grandeza, la ....
- grueso/a ....
- hambriento/a ....
- heredado/a ....
- humo, el ....
- ilustre ....
- improvisación, la ....
- inadvertido/a ....
- inauguración, la ....
- incendio, el ....
- incidente, el ....
- indicar ....

indiferente
indiscreto/a
infierno, el
ingenioso/a
inquietud, la
insinuar
instante, el
invadido/a
invencible
jurar
labor, la
lamentación, la
magnetismo, el
manantial, el
manchado/a
manto, el
mejilla, la
melancólico/a
molesto/a
monotonía, la
motivo, el
multa, la
murmullo, el
norma, la
notar
otorgar
pálido/a
pendiente
penetrar
percibir
perdón, el
poseer
preciso/a
preparativo, el
presentimiento, el
privilegiado/a

probeta, la
procurar
profundo/a
prudencia, la
punta, la
puntualizar
rareza, la
rebuscar
recobrado/a
reflejo, el
refrescar
registrado/a
regresar
reluciente
remedio, el
remite, el
repentino/a
resonar
restringido/a
retórica, la
revelación, la
riesgo, el
roce, el
rostro, el
saliva, la
secuestrado/a
servicial
sierra, la
sobrar
sobriedad, la
sonar
susto, el
susurrar
tajante
tela, la
temor, el